FALKE
BIBER
HIRSCH
SPECHT
LACHS
BRAUNBÄR

Dein persönliches Indianerhoroskop

HIRSCH

Kenneth Meadows

Illustrationen von Jo Donegan

Verlag Hermann Bauer
Freiburg im Breisgau

Die Deutsche Bibliothek – CIP-Einheitsaufnahme

Ein Titeldatensatz für diese Publikation ist bei
Der Deutschen Bibliothek erhältlich

Die amerikanische Originalausgabe erschien 1998 by Dorling Kindersley Limited,
London, unter dem Titel *The Little Library of Earth Medicine*

Konzeptentwicklung: GLS Editorial and Design, London
Redaktion: Jane Laing
Design: Ruth Shane, Luke Herriott
Lektorat: Claire Calman, Terry Burrows, Victoria Sorzano
Illustrationen S. 16, 17, 31: Roy Flooks; S. 38: John Lawrence
Fotoaufnahmen: Mark Hamilton
Fotos S. 8/9, 12, 14/15, 32: American Natural History Museum

Deutsch von Maria Müller, München
Lektorat: Sylvia Schaible

1. Auflage 2000
ISBN 3-7626-0770-2

Satz: Fotosetzerei Scheydecker, Freiburg i. Br.
Druck und Bindung: L. Rex Printing Company Ltd., China
Printed in China

INHALT

EINFÜHRUNG
ERD-MEDIZIN

DIE INDIANER NORDAMERIKAS VERSTEHEN UNTER MEDIZIN KEINE ÄUSSERE SUBSTANZ, SONDERN EINE INNERE KRAFT – SOWOHL IN DER NATUR ALS AUCH IN JEDEM MENSCHEN.

Die Erd-Medizin ist eine einzigartige Methode zur Erstellung eines Persönlichkeitsprofils. Sie beruht auf dem indianischen Verständnis des Universums und den Prinzipien des heiligen Medizinrades.

Die Indianer Nordamerikas glaubten, daß der Geist – wenn auch unsichtbar – die Natur durchdringt, und so war ihnen die ganze Natur heilig. Tiere betrachteten sie als Boten des Geistes. Sie erschienen ihnen auch in Wachträumen und übermittelten Macht und Stärke – die »Medizin«. Wer solche Träume empfing, erwies der Tierart, die ihm erschienen war, seine Ehrerbietung, indem er auf zeremoniellen und Gebrauchsgegenständen ihr Abbild wiedergab.

Die Schamanenrassel
Schamanen verbanden sich mit Hilfe von Rasseln mit ihrem inneren Geist – hier die Rassel eines Tlingit-Schamanen.

DIE NATUR IM MENSCHEN

Die indianischen Schamanen – die weisen Männer des Stammes – erkannten Ähnlichkeiten zwischen den Naturkräften, die in einer bestimmten Jahreszeit

»Der Geist hat dir die Möglichkeit geschenkt, in der Schule der Natur zu lernen.« *Lehre der Stoney*

vorherrschten, und den Menschen, die in dieser Zeit geboren wurden. Zudem entdeckten sie, wie die Persönlichkeit von den vier Mondphasen beeinflußt wird, und zwar sowohl bei der Geburt als auch im Laufe des weiteren Lebens. Auch der ständige Wechsel im Energiefluß von Aktiv zu Passiv wirkt sich auf den Menschen aus. Diese Weltsicht ist die Grundlage der Erd-Medizin; mit ihrer Hilfe können wir erkennen, wie die Dynamik der Natur in uns wirkt und wie wir unsere angeborenen, als Potential bereits vorhandenen Stärken entwickeln können.

Tierornament

Für die Anasazi, die dieses Ornament schnitzten, war der Frosch ein Symbol für Anpassungsfähigkeit.

MEDIZINRÄDER

In den kulturellen Traditionen der Indianer gab es eine Reihe von kreisförmigen Symbolbildern und -objekten. Diese heiligen Kreise wurden Medizinräder genannt – wegen ihrer Ähnlichkeit mit den Speichenrädern der Wagen, die die Siedler ins Herz des Landes brachten, das einst Eigentum der Ureinwohner war. Jedes Medizinrad zeigte die Verbindung zwischen unterschiedlichen Objekten oder Eigenschaften innerhalb eines größeren Ganzen und die Bewegung der verschiedenen Kräfte und Energien darin.

Ein Medizinrad könnte man als das »Meisterrad« betrachten, denn es wies auf das Gleichgewicht der Natur und den besten Weg hin, in Harmonie mit dem Universum und mit sich selbst zu gelangen. Auf diesem Meisterrad baut auch die Erd-Medizin auf (s. S. 10–11).

Festtagsschale

Stilisierte Bären-Schnitzereien schmücken diese Festtagsschale der Tlingit. Bei den Indianern galt der Bär als Symbol für Stärke und Selbständigkeit.

DAS MEDIZINRAD

Das äußere Rad ist in zwölf Geburtszeiten aufgeteilt. Jede hat ihr eigenes Tiertotem und eine Affinität zu einem ganz bestimmten Stein, einem Baum und zu einer Farbe. An der Nabe des Rades liegt – umgeben von Darstellungen der Elemente, der Himmelsrichtungen und des Energieflusses – das Wakan-Tanka, das Symbol der unsichtbaren Energien, die in der physischen Realität Gestalt annehmen.

Jahreszeit der Geburt
Jeder der zwölf Abschnitte des Rades steht in Bezug zu einer bestimmten Zeit des Jahres (s. S. 12–13).

Wakan-Tanka
Mit diesem mächtigen Symbol stellten manche Stämme Energie dar, die Form annimmt (s. S. 24).

Stein-Affinität
Jeder Geburtszeit entspricht ein bestimmter Stein (s. S. 14–15).
Baum-Affinität
Jede Geburtszeit hat einen Bezug zu einer bestimmten Baumart (s. S. 14–15).
Geburtstotem
Jede Geburtszeit wird durch ein Tiertotem verkörpert (s. S. 16–17).
Richtungstotem
Jede Geburtszeit steht unter dem Einfluß einer der vier Himmelsrichtungen (s. S. 18–19).
Grundelement
Jede Geburtszeit wird grundlegend von einem der vier Elemente beeinflußt (s. S. 20–21).
Energiefluß
In jeder Geburtszeit fließt Energie im Wechsel zwischen Aktiv und Rezeptiv (s. S. 24).
Elementaspekt
Jede Geburtszeit hat ihren eigenen Elementaspekt (s. S. 20–21).
OSTEN: FRÜHLING
FALKE
BIBER
HIRSCH
HIRSCH
SPECHT
LACHS
BRAUNBÄR
SÜDEN: SOMMER

DIE ZWÖLF GEBURTSZEITEN

DIE STRUKTUR DES MEDIZINRADES BAUT AUF DEN JAHRESZEITEN AUF UND SPIEGELT SO DEN MÄCHTIGEN EINFLUSS DER NATUR AUF DIE PERSÖNLICHKEIT DES MENSCHEN WIDER.

Das Medizinrad unterteilt die menschliche Natur in zwölf Persönlichkeitstypen; jeder Typ entspricht der Natur zu einer bestimmten Zeit des Jahres. Das Medizinrad ist eine Art Landkarte, mit deren Hilfe wir unsere Stärken und Schwächen, unsere inneren Triebe, instinktiven Verhaltensweisen und auch unser wahres Potential entdecken können.

Grundlage dieser Struktur sind die vier Jahreszeiten, unterteilt durch Winter- und Sommersonnenwende sowie Frühlings- und Herbst-Tagundnachtgleiche. Jede Jahreszeit steht als Metapher für eine Phase der menschlichen Entwicklung. Der Frühling ähnelt der Kindheit, dem neuen Leben. Der Sommer entspricht der Überschwenglichkeit der Jugend und dem raschen Wachstum. Der Herbst wiederum steht für die Fülle und Erfüllung des reifen Lebens als Erwachsener, während der Winter die angesammelte Weisheit symbolisiert, auf die wir später im Leben zurückgreifen können.

Jede der vier Jahreszeiten im Medizinrad wird wiederum in drei Perioden unterteilt, so daß insgesamt zwölf Abschnitte entstehen. Die Zeit der Geburt bestimmt die Richtung, aus der wir das Leben wahrnehmen, und die Eigenschaften

Jahreszeiten-Riten

Bei der Zeremonie zur Wintersonnenwende trugen die Irokesen Masken aus geflochtenen Maishülsen. Sie stimmten sich im Tanz auf die Energien ein, die für eine gute Ernte sorgen sollten.

DIE ZWÖLF ZEITABSCHNITTE

der Natur in dieser Jahreszeit spiegeln sich in der Kernpersönlichkeit wider.

Jeder der zwölf Zeitabschnitte – oder jede Geburtszeit – wird nach einer Eigenschaft, einem besonderen Kennzeichen des Jahreszyklus benannt. So heißt etwa die Zeit nach der Frühlings-Tagundnachtgleiche Zeit des Erwachens, denn jetzt ist neues Wachstum angesagt; die Zeit nach der Herbst-Tagundnachtgleiche verdankt ihren Namen den fallenden Blättern, die für sie so charakteristisch sind.

DIE BEDEUTUNG DER TOTEMS

DIE INDIANER NORDAMERIKAS GLAUBTEN, DASS TOTEMS – ALSO TIERSYMBOLE – ESSENTIELLE WAHRHEITEN UND DIE VERBINDUNG ZU DEN KRÄFTEN DER NATUR VERKÖRPERN.

Ein Totem ist ein Tier bzw. ein natürliches Objekt, das wie ein Emblem bestimmte typische Eigenschaften verkörpert. Für die Indianer waren Tiere, deren Verhalten vorhersehbar ist, besonders hilfreich für die Kategorisierung von menschlichen Verhaltensmustern.

Ein Totem spiegelt bestimmte Aspekte der Persönlichkeit wider und ist ein Schlüssel zum intuitiven Wissen, das jenseits allen intellektuellen Denkvermögens liegt. Ein Totem kann geschnitzt oder auf andere Art gestaltet sein, ein Bildnis oder z.B. ein Stück Fell, eine Feder, ein Knochen, ein Zahn oder eine Klaue. Es dient als unmittelbare Verbindung zu den Energien, für die es steht. Deshalb ist ein Totem wirksamer als etwa eine Skulptur oder ein Symbol, um die nicht-physischen Mächte und gestaltenden Kräfte zu verstehen.

HAUPTTOTEMS

In der Erd-Medizin gibt es drei Haupttotems: ein Geburtstotem, ein Richtungstotem und ein Elementtotem. Das *Geburtstotem* verkörpert die Grundeigenschaften eines Menschen; sie entsprechen den dominanten Aspekten der Natur zur Zeit seiner Geburt.

Alle zwölf Geburtstotems, die sich jeweils auf eine bestimmte Geburts-

Symbol der Stärke

In den Griff dieses Messers der Tlingit sin der Kopf eines Raben und eines Bären geschnitzt, Symbole der Einsicht und Stärke

Siegertotem
Häuptlinge oder Krieger der Fox-Indianer trugen ein Halsband aus Bärenklauen.

zeit beziehen, werden auf den Seiten 16–17 beschrieben.

Mit dem *Richtungstotem* stimmen wir uns auf die inneren Sinne ein, die über die Hauptantriebskraft unserer Bemühungen bestimmen. Jede der vier Jahreszeiten auf dem Medizinrad entspricht einer der vier Himmelsrichtungen, und jede Himmelsrichtung wird wiederum durch ein Totem verkörpert. So wird z.B. der Frühling mit dem Osten gleichgesetzt, wo die Sonne aufgeht. Er steht für eine neue Sicht der Dinge; sein Totem ist der Adler. Die vier Richtungstotems werden auf den Seiten 18–19 erläutert.

Das *Elementtotem* steht in einem Bezug zu instinktiven Verhaltensweisen. Die Grundeigenschaften der vier Elemente – Feuer, Wasser, Erde und Luft – sowie ihre Totems werden auf den Seiten 20–21 ausführlich erklärt.

Drei Affinitäten

Jede Geburtszeit hat außerdem eine Affinität zu einem bestimmten Stein, einem Baum und einer Farbe (s. S. 36–41). Über diese drei Affinitäten läßt sich in schwierigen Zeiten neue Kraft schöpfen.

»Wenn ein Mensch Erfolg haben will, sollte er sich nicht von seinen Neigungen leiten lassen, sondern von seinem Wissen um das Wesen der Tiere …« *Lehre der Teton-Sioux*

DIE ZWÖLF GEBURTSTOTEMS

JEDE DER ZWÖLF GEBURTSZEITEN WIRD DURCH EIN TOTEM VERKÖRPERT – DURCH EIN TIER, DAS DIE FÜR SIE TYPISCHEN EIGENSCHAFTEN AM BESTEN ZUM AUSDRUCK BRINGT.

Die Erd-Medizin verbindet mit jeder Geburtszeit ein Totem. Jeder Abschnitt umfaßt zwei Zeitspannen – für die nördliche und die südliche Hemisphäre. Diese Totemtiere unterstützen die Verbindung zu den jeweiligen Kräften und Fähigkeiten, für die sie stehen. Eine detaillierte Beschreibung des Hirsch-Geburtstotems findet sich auf den Seiten 28–29.

FALKE

21. März – 19. April (N. Hem.)
22. Sept. – 22. Okt. (S. Hem.)

Falken ergreifen gern die Initiative, sind aber mit ihren Entschlüssen oft etwas voreilig, so daß sie sie später bedauern. Sie sind lebhaft und extrovertiert und lassen sich leicht für neue Erfahrungen begeistern, aber manchmal fehlt es ihnen an Durchhaltevermögen.

HIRSCH

21. Mai – 20. Juni (N. Hem.
23. Nov. – 21. Dez. (S. Hem.

Der Hirsch ist bereit, das Alte dem Neuen zu opfern. Er verabscheut jegliche Routine, blüht auf bei Abwechslung und Herausforderungen. Hirsche haben auch eine wilde Seite, sie sind sprunghaft und stürzen sich oft unüberlegt von einer Sache oder Beziehung in die nächste.

BIBER

20. April – 20. Mai (N. Hem.)
23. Okt. – 22. Nov. (S. Hem.)

Biber sind praktisch veranlagt und beständig, zudem ziemlich ausdauernd und beharrlich. Sie sind gut im Haushalt, voller Wärme und Zärtlichkeit, brauchen jedoch Harmonie und Frieden, um nicht reizbar zu werden. Sie haben einen stark ausgeprägten Sinn für Ästhetik.

SPECHT

21. Juni – 21. Juli (N. Hem.)
22. Dez. – 19. Jan. (S. Hem.)

Mit ihrer Emotionalität und Sensibilität bringen Spechte ihnen nahestehenden Menschen viel Wärme entgegen, stellen auch bereitwillig ihre Bedürfnisse gegenüber deren Wünschen zurück. Sie haben eine lebhafte Phantasie, neigen aber auch dazu, sich zu viele Sorgen zu machen.

LACHS

22. Juli – 21. August (N. Hem.)
20. Jan. – 18. Febr. (S. Hem.)

Lachs-Geborene sind begeisterungsfähig und voller Selbstvertrauen. Sie haben gern das Sagen, sind kompromißlos und voller Kraft; manchmal wirken sie ein wenig arrogant oder nehmen sich selbst zu wichtig. Wenn sie sich vernachlässigt fühlen, sind sie schnell verletzt.

BRAUNBÄR

22. Aug. – 21. Sept. (N. Hem.)
19. Febr. – 20. März (S. Hem.)

Braunbären sind hart arbeitende, praktisch veranlagte und selbstbewußte Menschen. Wandel und Veränderung mögen sie nicht besonders; sie halten sich lieber an Altbekanntes und Vertrautes. Braunbär-Geborene bringen gern Dinge in Ordnung; sie sind gutmütig und gute Freunde.

KRÄHE

22. Sept. – 22. Okt. (N. Hem.)
21. März – 19. April (S. Hem.)

Krähen sind nicht gern allein, sondern fühlen sich in Gesellschaft am wohlsten. Normalerweise sind sie gutmütige und angenehme Zeitgenossen, doch in einer negativen Atmosphäre werden sie leicht kratzbürstig und trübselig.

SCHLANGE

23. Okt. – 22. Nov. (N. Hem.)
20. April – 20. Mai (S. Hem.)

Im Zeichen der Schlange Geborene sind verschlossene, mysteriöse Menschen, die ihre Gefühle hinter einem kühlen Äußeren verbergen. Dank ihrer Anpassungsfähigkeit, Entschlußkraft und Phantasie kommen sie auch in schwierigen Lebenssituationen immer wieder auf die Beine.

EULE

23. Nov. – 21. Dez. (N. Hem.)
21. Mai – 20. Juni (S. Hem.)

Eulen haben ein starkes Bedürfnis, sich frei auszudrücken. Sie sind lebhafte Menschen voller Selbstvertrauen und haben einen guten Blick fürs Detail. Sie sind wißbegierig und anpassungsfähig, neigen aber auch dazu, sich selbst zu überfordern. Oft sind Eulen-Menschen auch sehr mutig.

GANS

22. Dez. – 19. Jan. (N. Hem.)
21. Juni – 21. Juli (S. Hem.)

Gans-Menschen sind Idealisten mit Weitblick und bereit, das Unbekannte zu erforschen. Sie gehen das Leben mit Enthusiasmus an, entschlossen, ihre Träume zu verwirklichen. Gans-Geborene haben einen Hang zum Perfektionismus und wirken manchmal gar zu ernsthaft.

OTTER

20. Jan. – 18. Febr. (N. Hem.)
22. Juli – 21. Aug. (S. Hem.)

Otter-Geborene sind freundliche, lebhafte und einfühlsame Menschen. Durch zu viele Regeln und Vorschriften fühlen sie sich behindert; deshalb machen sie oft einen etwas exzentrischen Eindruck. Sie schätzen Sauberkeit und Ordnung und haben originelle Ideen.

WOLF

19. Febr. – 20. März (N. Hem.)
22. Aug. – 21. Sept. (S. Hem.)

Wolf-Menschen sind sensibel, intuitiv und künstlerisch veranlagt; an sie wendet man sich gern, wenn man Hilfe braucht. Sie schätzen die Freiheit und ihren Freiraum, lassen sich aber leicht von anderen beeinflussen. Sie haben eine philosophische Ader, sind vertrauensvoll und aufrichtig.

DER EINFLUSS DER HIMMELSRICHTUNGEN

DER EINFLUSS DER VIER HIMMELSRICHTUNGEN – VON DEN INDIANERN NORDAMERIKAS AUCH DIE VIER WINDE GENANNT – WIRD ÜBER INNERE EMPFINDUNGEN WAHRGENOMMEN.

Die vier Himmelsrichtungen, die »Hüter« bzw. »Behüter« des Universums, wurden von den Indianern auch als die vier Winde bezeichnet, da ihre Präsenz eher gespürt als gesehen werden kann.

RICHTUNGSTOTEMS

In der Erd-Medizin ist jeder Himmelsrichtung bzw. jedem Wind eine Jahreszeit und eine Tageszeit zugeordnet. Die drei Geburtszeiten des Frühlings – die Zeit des Erwachens, des Wachstums und der Blüte – gehören alle zum Osten und zum Morgen. Die Himmelsrichtung der Geburtszeit beeinflußt die Natur der inneren Empfindungen.

Der Osten ist also die Himmelsrichtung des Frühlings und des Morgens; er wird mit Licht und Erleuchtung assoziiert. Sein Totem ist der Adler – ein Vogel, der hoch zur Sonne aufsteigt und aus der Höhe alles klar sehen kann.

Der Süden ist die Himmelsrichtung des Sommers und des Nachmittags. Er steht in einem Bezug zu Wachstum und Erfüllung, Fließendem und Emotionen. Sein Totem, die Maus, gilt als Symbol für

»Denke daran … der Kreis des Himmels, die Sterne, die übernatürlichen Winde, die Tag und Nach atmen … die vier Himmelsrichtungen.« *Lehre der Pawnee*

Die vier Himmelsrichtungen

Jede Himmelsrichtung steht in Beziehung zu einer Jahreszeit, einer Tageszeit und auch zu einer Grundfunktion: der Osten zu Entscheiden, der Süden zu Geben, der Westen zu Halten und der Norden zu Empfangen.

Fruchtbarkeit, Gefühle und für die Gabe der detaillierten Wahrnehmung.

Der Westen ist die Himmelsrichtung des Herbstes und des Abends. Er steht für Transformation – vom Tag zur Nacht, vom Sommer zum Winter – und die Fähigkeit zur Innenschau, zum Bewahren und Erhalten. Das Totem des Westens ist der Grizzlybär, der innere Kraft verkörpert.

Der Norden schließlich ist die Himmelsrichtung des Winters und der Nacht; er entspricht dem Geist und geistiger »Nahrung« – also Wissen. Sein Totem ist der von den Indianern hoch verehrte Büffel.

DER EINFLUSS DER ELEMENTE

DIE VIER ELEMENTE – LUFT, FEUER, WASSER UND ERDE – DURCHDRINGEN ALLES UND WEISEN AUF DIE NATUR DER BEWEGUNG UND DIE ESSENZ DESSEN HIN, DER DU BIST.

Die Elemente sind nicht greifbare Qualitäten, die den essentiellen Zustand oder Charakter von allem, was ist, beschreiben. In der Erd-Medizin sind die vier Elemente mit vier Grundformen der Aktivität verbunden und weisen auf unterschiedliche Aspekte des Selbst hin. Luft drückt die freie Bewegung in alle Richtungen aus; sie steht mit dem Verstand und dem Denken in Verbindung. Feuer deutet auf expansive Bewegung hin und hat einen Bezug

Elementprofil

Die Element-Konfiguration des Hirsches ist Luft von Feuer. Feuer ist das Grundelement, Luft der Elementaspekt.

zur geistigen Ebene und zur Intuition. Wasser bedeutet Fließen; es steht mit der Seele und den Emotionen in Beziehung. Die Erde schließlich symbolisiert Stabilität und entspricht dem physischen Körper und den Empfindungen.

Zuordnung der Elemente

Auf dem Medizinrad steht jedes Element für eine Himmelsrichtung – Feuer im Osten, Erde im Westen, Luft im Norden und Wasser im Süden. Dies sind die vier Grundelemente. Dann gibt es noch die Elementaspekte, nämlich die Verbindung der vier Elemente mit den zwölf einzelnen Geburtszeiten. Sie folgen im Medizinrad zyklisch aufeinander, Grundlage ist die Einwirkung der Sonne (Feuer) auf die Erde, woraus Atmosphäre (Luft) und Kondensation (Wasser) entstehen.

Die drei Geburtszeiten, die einen Elementaspekt gemeinsam haben, gehören der gleichen Elemente-Familie bzw. einem »Klan« an und haben ein Totem, das die wesentlichen Eigenschaften aufzeigt. Hirsch-Geborene gehören zum Schmetterlings-Klan (s. S. 34–35).

Elementbetonung

Bei jeder Geburtszeit dominieren normalerweise die Eigenschaften des Elementaspektes die des Grundelementes, obgleich beide zu der ganz speziellen Konfiguration beitragen (für den Hirsch s. S. 34–35). Bei Falke, Specht und Otter sind das Grundelement und der Elementaspekt identisch (z.B. Luft von Luft); Menschen mit diesen Totems verleihen ihrem Element einen sehr intensiven Ausdruck.

DER EINFLUSS DES MONDES

DER ZU- UND ABNEHMENDE MOND WÄHREND DER VIER MONDPHASEN WIRKT ENTSCHEIDEND AUF DIE PERSÖNLICHKEITSBILDUNG UND DAS STREBEN DES MENSCHEN EIN.

Für die Indianer zeigten Sonne und Mond die aktiven bzw. rezeptiven, also empfangenden Energien in der Natur (s. S. 24) an. Mit ihrer Hilfe wurde auch die Zeit »gemessen«. Der Einfluß der Sonne wurde mit bewußter Aktivität, mit Verstand und Willenskraft in Verbindung gebracht; der Einfluß des Mondes stand für unbewußte Aktivität und für die emotionalen und intuitiven Aspekte der menschlichen Natur.

Der zunehmende Mond

Diese Mondphase dauert ungefähr elf Tage an. Sie leitet eine Zeit des Wachstums ein und ist somit ideal für das Entwickeln neuer Ideen und die Konzentration auf neue Projekte.

Der Vollmond

In der Vollmondphase – ungefähr drei Tage – erreicht die Kraft des Mondes ihren Höhepunkt. Jetzt kann das, was in der zunehmenden Mondphase entwickelt wurde, vollendet werden.

Die vier Mondphasen

Der 29tägige Mondzyklus ist in vier Phasen unterteilt. Jede Phase ist Ausdruck einer bestimmten Form von Energie, vergleichbar mit den Wachstumsphasen einer Blütenpflanze im Lauf der Jahreszeiten: knospen (zunehmender Mond), volle Blüte (Vollmond), verwelken (abnehmender Mond) und keimen (Neumond). Der Einfluß dieser Phasen macht sich in der Entwicklung der Persönlichkeit, aber auch im Alltag bemerkbar.

Die Energie des Mondes zum Zeitpunkt der Geburt wirkt sich stark auf die Persönlichkeit aus. So sind beispielsweise Menschen, die bei Neumond geboren wurden, eher introvertiert, während Vollmond-Geborene sich im allgemeinen stärker nach außen orientieren. Wer bei zunehmendem Mond geboren wurde, ist eher extrovertiert, wer bei abnehmendem Mond zur Welt kam, dagegen eher reserviert und zurückhaltend. Mit Hilfe einer Mondtabelle kann jeder seinen persönlichen Mondstand am Tag der Geburt herausfinden.

Auch auf den Alltag kann sich eine harmonische Einstimmung auf die Mondphasen sehr positiv auswirken. Durch bewußtes Arbeiten mit den vier Phasen lassen sich die jeweiligen Energien erfahren. Die Abbildungen und Texte unten beschreiben eine indianische Sichtweise der Auswirkungen der vier Phasen des Mondes auf das Leben des Menschen.

Der abnehmende Mond

Dies ist die Zeit für Veränderungen. Diese Phase – etwa elf Tage – eignet sich gut für Verbesserungen, Umstellungen und um unnötigen Ballast abzuwerfen.

Der Neumond

Ungefähr vier Tage lang ist der Mond vom Himmel verschwunden. Dies ist die Zeit für kontemplative Betrachtung des Erreichten und für das Keimen von Neuem.

DER EINFLUSS DES ENERGIEFLUSSES

DAS MEDIZINRAD SPIEGELT DAS VOLLKOMMENE GLEICHGEWICHT DER AKTIVEN UND REZEPTIVEN ENERGIEN WIDER, DIE EINANDER IN DER NATUR ERGÄNZEN.

Energie durchfließt die Natur auf zwei komplementäre Arten, die man als aktiv und rezeptiv bzw. männlich und weiblich bezeichnen kann. Das aktive Energieprinzip hat einen Bezug zu den Elementen Feuer und Luft, das rezeptive Prinzip zu Wasser und Erde.

Bei allen zwölf Geburtszeiten ist eine aktive oder rezeptive Energie mit dem jeweiligen Elementaspekt verbunden. Die beiden Energieprinzipien wechseln einander auf dem Medizinrad ab und schaffen so ein Gleichgewicht von aktiven und rezeptiven Energien, wie es auch in der Natur besteht.

Aktive Energie entspricht der Sonne und bewußtem Handeln. Unter diesem Prinzip geborene Menschen streben nach Erfahrung. Sie sind begrifflich orientiert, tatkräftig, extrovertiert, praktisch veranlagt und denken analytisch. Die rezeptive Energie wird mit dem Mond in Verbindung gebracht sowie mit unbewußtem Handeln. Solche Menschen lassen Erfahrungen lieber auf sich zukommen. Sie sind intuitiv, nachdenklich und emotional veranlagt, wollen umsorgen und bewahren.

DAS WAKAN-TANKA

Im Herzen des Medizinrades liegt in einem Kreis die S-Form, das Symbol für die Quelle, die allem Leben spendet, was auch immer eine physische Form annimmt – scheinbar aus dem Nichts. Die Prärie-Indianer Nordamerikas nannten es Wakan-Tanka – die Große Macht. Diese Kraft läßt sich auch als Energie verstehen, die Form annimmt, oder als Form, die wieder zu Energie wird – im unendlichen Fluß des Lebens.

DER HIRSCH
DEIN
PERSÖNLICHKEITS-
PROFIL

JAHRESZEIT DER GEBURT
ZEIT DER BLÜTE

IN DER DRITTEN GEBURTSZEIT ERREICHT DIE BELEBENDE ENERGIE DES FRÜHLINGS IHREN HÖHEPUNKT UND VERLEIHT DEN JETZT GEBORENEN MENSCHEN DIE KRAFT FÜR VERÄNDERUNGEN.

Die Zeit der Blüte ist eine der zwölf Geburtszeiten, die das Jahr in zwölf Jahreszeiten-Abschnitte unterteilen (s. S. 12–13). In dieser letzten Periode des Frühlingszyklus erreicht die Schöpfungs- und Zeugungskraft der Natur ihren Höhepunkt. Die Bäume prangen in saftigem Grün, und in den hellen, immer länger werdenden Tagen dieser wunderbar sinnenfrohen Zeit blühen unzählige Blumen.

EINFLUSS DER NATUR

Die charakteristischen Eigenschaften der Natur zu diesem Zeitpunkt zeigen sich auch in der Natur des Menschen, der in dieser Zeit das Licht der Welt erblickt. So wie die Natur jetzt die Erde verwandelt, haben die Menschen, die zu dieser Zeit geboren werden, einen inneren Drang und die Fähigkeit, Veränderungen zu bewirken. Diese Kraft erfaßt alles, was in ihrer Reichweite liegt – Situationen, andere Menschen, sie selbst.

Ihr Temperament entspricht der Wärme und Unberechenbarkeit der Jahreszeit. Wie der Einfluß der Sonne auf die Erde jetzt seinem Höhepunkt zustrebt, können auch Hirsch-Menschen ihre Kreativität schnell und voller Energie zum Ausdruck bringen. Doch wie mancher schwüle, stickige Tag in diesen Wochen können auch sie launisch werden, wenn Rückschläge und Enttäuschungen ihre Wachstumsbestrebungen behindern. Dann schlägt ihre normalerweise liebevolle Natur um, und sie können mit ihrer Kühle und Reserviertheit ihnen nahestehende Menschen sehr verletzen.

Lebensphase

Diese Zeit entspricht der Wißbegier und der Abenteuerlust des Jugendlichen an der Schwelle zum Erwachsenwerden. Er geht zwar entschlossen und mutig vor, aber noch fehlt ihm das Verständnis, das erst die Erfahrung mit sich bringt.

Entwicklungsgeschichtlich steht in diesem Lebensabschnitt die Suche nach Wissen im Vordergrund. Die Komplexität und die Vielfalt der Welt und des Menschen werden uns immer mehr bewußt. So sucht der warmherzige, liebevolle und eifrige Hirsch-Mensch unermüdlich nach Abwechslung und sinnlichen Eindrücken.

Sein Potential verwirklichen

Hirsch-Menschen sind immer auf der Suche nach Gelegenheiten, ihre sinnliche Wahrnehmung und ihr Bewußtsein zu erweitern. So verstehen sie immer besser, wie sie sich in den großen Lebensentwurf einfügen und ihr ganzes Potential entfalten können. Dank ihrer Intuition können sie weit mehr als das Offensichtliche und Unmittelbare erfassen.

Hirsch-Geborene sprühen vor Vitalität, wenn ihr Interesse erst einmal geweckt ist oder ein neues Projekt auf sie zukommt. Doch der Druck der alltäglichen Routine läßt sie manchmal lethargisch werden. Dann müssen sie ihren beweglichen Verstand und ihren ganzen Enthusiasmus einsetzen, um sich so zu motivieren, daß sie auch als langweilig empfundene Aufgaben zu einem Abschluß bringen.

Die Energie der Natur

In diesem letzten Frühjahrszyklus vor der Sommersonnenwende erreicht die schöpferische, transformierende Kraft der Natur ihren Höhepunkt und beschenkt uns mit einer Fülle von Blumen und Bäumen in sattem Grün.

»Das Leben ist ein Kreis von Kindheit zu Kindheit; so ist es mit allem, in dem Kraft fließt.« *Lehre des Black Elk*

DAS GEBURTSTOTEM
DER HIRSCH

Das Wesen und das charakteristische Verhalten des Hirsches sind Ausdruck der Persönlichkeit von Menschen, die in der Zeit der Blüte geboren werden.

Wie ihr Totemtier, der Hirsch, haben Menschen, die in der Zeit der Blüte geboren werden, ein angenehmes, sensibles und ausdrucksvolles Wesen. Hirsch-Geborene lieben die Abwechslung und blühen auf bei neuen Herausforderungen; dabei geben sie oft weit mehr, als erwartet wird. Sie schätzen schöne Dinge und haben einen anspruchsvollen Geschmack. Geistig und körperlich sind sie sehr beweglich, langweilen sich aber schnell und lassen sich dann leicht von Routineaufgaben ablenken. Sie sind unterhaltsam, charmant und gesellig und arbeiten gern im Team. Ihre Lebhaftigkeit macht das Zusammensein mit ihnen ausgesprochen anregend. Allerdings kann ihre Neigung, abrupt die Richtung zu wechseln, anderen manchmal auf die Nerven gehen.

Was ihnen fehlt, sind Geduld, Ausdauer und Beständigkeit. So stürzen sie sich oft von einem Job oder einer Beziehung in die nächste, ohne über die Konsequenzen groß nachzudenken. Hochsensibel, wie sie sind, neigen sie außerdem zu Launenhaftigkeit und Gereiztheit.

Hirsch-Menschen sind immer aktiv und lieben ein aufregendes Leben; das kann allerdings zu körperlicher und geistiger Erschöpfung führen.

Selbst wenn sie körperlich einmal nicht in Bewegung sind, bleibt ihr Geist aktiv – echtes Entspannen fällt ihnen also schwer. Genau das müssen sie jedoch unbedingt lernen, ebenso wie sie für ausreichenden Schlaf sorgen müssen.

Hirsch-Stärke

Mit seiner Sensibilität und seinem Charme bringt der lebhafte Hirsch auch die Nervosität und Unbeständigkeit der vielseitigen, geistreichen Hirsch-Geborenen zum Ausdruck.

Gesundheit

Hirsch-Menschen sollten Krankheitssymptome nicht ignorieren, vor allem wenn sie ihren »wunden Punkt« betreffen: Lunge und Bronchien. Ein Husten sollte also nicht auf die leichte Schulter genommen werden, damit sich daraus keine Bronchitis entwickelt.

DER HIRSCH UND BEZIEHUNGEN

DIE GESELLIGEN, BEZAUBERNDEN HIRSCH-MENSCHEN SIND MEIST SEHR BELIEBT. IN DER PARTNERSCHAFT GELTEN SIE ALS RÜCKSICHTSVOLL, KÖNNEN ABER AUCH WANKELMÜTIG SEIN.

Wie ihr Totemtier sind die von Natur aus freundlichen Hirsch-Geborenen gern mit Geschlechtsgenossen zusammen. Freunden bringen sie viel Rücksicht und Mitgefühl entgegen, verlangen nicht viel und gehen sensibel auf die Schwierigkeiten anderer ein. Doch sie reden auch gern, haben zu allem etwas zu sagen und wissen auf fast alles eine Antwort. Ihre Freunde müssen also meist auch gute Zuhörer sein.

LIEBESBEZIEHUNGEN

Hirsch-Menschen brauchen Liebe und Zuneigung, wollen aber nicht erdrückt werden. Der überaus charmante Hirsch-Mann flirtet für sein Leben gern; die Hirsch-Frau kann sehr leidenschaftlich und verlockend sein. Beide genießen Sex wie andere eine gute Mahlzeit und übernehmen dabei auch gern die Initiative.

Wenn es einmal zu Problemen innerhalb der Partnerschaft kommt, liegt die Ursache für gewöhnlich in ihrer rastlosen und launischen Natur oder in ihrer Einstellung zu Geld. Denn Hirsch-Geborene teilen zwar bereitwillig fast alles, beim Geld hört es bei ihnen jedoch auf. Außerdem neigen sie zu hemmungslosem Genuß.

UMGANG MIT DEM HIRSCH

Hirsch-Menschen sind ungeduldig, gefühlsbetont und verletzlich. Wer ihnen gegenüber seinen Standpunkt zum Ausdruck bringen möchte, sollte ihn also nicht zu heftig vertreten. Sie haben etwas gegen Dogmatismus und lassen sich nicht gern vorschreiben, was sie zu tun oder zu denken haben. Am besten kommt man mit Hirsch-Geborenen zurecht, wenn man freundlich, locker und entspannt mit ihnen umgeht – egal, ob es sich dabei um einen Freund, Liebhaber oder Chef handelt.

DER HIRSCH UND DIE LIEBE

Hirsch und Falke: Die lebhafte und schöpferische Natur des Hirsches paßt gut zur Leidenschaft und Entschlossenheit des Falken; beide dürften in dieser Partnerschaft also aufblühen.

Hirsch und Biber: Das unbekümmerte und rastlose Wesen des Hirsches verträgt sich wohl kaum mit dem Sicherheitsbedürfnis des Bibers.

Hirsch und Hirsch: Eine lebendige, abenteuerliche Beziehung, die gut funktioniert, wenn beide sich aufeinander einstellen können.

Hirsch und Specht: Ein lebhaftes Paar; der Specht kann die Selbstbezogenheit des Hirsches durchbrechen; der Hirsch vermittelt dem Specht ein Gefühl von Spaß und Sinn.

Hirsch und Lachs: Beide sind »praktische Opportunisten«, haben also wenig Skrupel. Aufgrund ihrer Ähnlichkeit können sie sich aber auch gegenseitig auf die Nerven gehen.

Hirsch und Braunbär: Der kraftvolle, temperamentvolle Hirsch paßt gut zum Braunbären mit seinem Blick fürs Detail und seiner Entschlossenheit.

Hirsch und Krähe: Beide sind ausgesprochen loyale Menschen und außerdem realistisch genug, um die Schwachpunkte des anderen zu sehen und zu akzeptieren.

Hirsch und Schlange: Die Schlange kann zwar durchaus gutmütig und rücksichtsvoll sein, doch der Hirsch könnte Probleme haben, mit ihrer großen Intensität zurechtzukommen.

Hirsch und Eule: Dem Hirsch kann der Beschützerinstinkt der Eule zu schaffen machen; die Eule wiederum findet den Hirsch ein wenig selbstsüchtig und rücksichtslos.

Hirsch und Gans: Die Freiheitsliebe des Hirsches steht im Widerspruch zur Sehnsucht der Gans nach Disziplin und Hingabe.

Hirsch und Otter: Diese beiden mit ihrer lebensprühenden und freundlichen Natur geben ein gutes Paar ab, da sie alles gemeinsam machen.

Hirsch und Wolf: Der Wolf kann für den Hirsch eine Inspiration sein; Voraussetzung dafür ist allerdings, daß sich beide ganz aufeinander einlassen und ähnliche Ziele verfolgen.

DAS RICHTUNGSTOTEM
DER ADLER

DER ADLER SYMBOLISIERT DEN EINFLUSS DES OSTENS AUF HIRSCH-GEBORENE, DIE DEN BLICK AUF DIE ZUKUNFT RICHTEN UND IHREN GRUNDSÄTZEN TREU BLEIBEN.

Die Zeit des Erwachens, des Wachstums und der Blüte liegen auf dem Medizinrad alle in dem Viertel, das dem Osten bzw. dem Ostwind zugeordnet ist.

Adlermaske

Dieser Kopfschmuck eines Tlingit-Schamanen repräsentiert den Adler, ein Symbol für Weitsicht.

Der Osten entspricht dem Frühling und der Morgendämmerung; er steht für einen neuen Anfang, für Offenheit, Erleuchtung und Wiedererwachen. Die Kraft des Ostens beeinflußt vor allem die geistige Ebene, sie liegt in erster Linie in der Entscheidungsfindung. Das Totem des Ostens ist der weitblickende Adler, der hoch in den Himmel aufsteigt.

Der besondere Einfluß des Ostens auf Hirsch-Menschen zeigt sich in ihrem Wahrnehmungsvermögen, mit dessen Hilfe sie die richtige Wahl treffen. Der Ostwind in dieser Periode steht in einem Bezug zu den frühen Lebenserfahrungen, zu Furchtlosigkeit und Handlungsbereitschaft. Außerdem wird er mit der Fähigkeit gleichgesetzt, jegliches Problem zu überwinden.

ADLER-EIGENSCHAFTEN

Der Adler steigt hoch in den Himmel empor. So verkörperte er für die Indianer hehre Ideale und hohe Prinzipien. Er symbolisierte aber auch die Erleuchtung, die jenen zuteil wird, die Zugang zum Geist und zur Quelle des Lebens finden. Zudem kann der Adler

Der Geist des Ostens

Im Osten geht die Sonne auf – ein Symbol des Neubeginns; das Adler-Totem steht für Erleuchtung und Entschlossenheit.

mit seinem scharfen Blick selbst kleine Dinge aus großer Entfernung wahrnehmen; daher wird er mit Voraussicht und Handlungsbereitschaft gleichgesetzt. Wenn der Adler hoch am Himmel schwebt, nimmt er die Landschaft als Ganzes genauso wahr wie jedes einzelne Detail.

Menschen mit diesem Richtungstotem haben meist feste Grundsätze, aber auch einen unabhängigen, abenteuerlustigen Geist – immer auf der Suche nach neuen Horizonten. Das Denken dieser Menschen ist in die Zukunft gerichtet, sie können den Blick von Einzelheiten lösen und das Gesamtbild und dessen Sinn erfassen. Ihre Fähigkeit, ins Herz der Dinge zu schauen und deren Wesen zu erkennen, verhilft ihnen zu weisen Entscheidungen und zu entschlossenem Handeln.

DAS ELEMENTTOTEM
DER SCHMETTERLING

WIE DER SCHMETTERLING, DER VON ORT ZU ORT FLATTERT, HABEN AUCH HIRSCH-MENSCHEN EIN RASTLOSES TEMPERAMENT; SIE BRAUCHEN ABWECHSLUNG UND VIEL HANDLUNGSSPIELRAUM.

Der Elementaspekt des Hirsches – wie auch der von Krähe und Otter – ist Luft. Alle drei Zeichen gehören also zur gleichen Elemente-Familie bzw. zu einem »Klan« (s. »Der Einfluß der Elemente«, S. 20–21).

DER SCHMETTERLINGS-KLAN

Das Totem jedes Klans gibt Einblick in die wesentlichen Eigenschaften. Das Totem des Elemente-Klans Luft ist der Schmetterling; er steht für eine lebhafte, rastlose und unbeständige Natur.

Der Schmetterling flattert von hier nach da, immer auf der Suche nach Abwechslung; er läßt sich nur in einer harmonischen Atmosphäre

Freiheit des Wandels
Der Schmetterling symbolisiert die Grundeigenschaft des Elements Luft: freie Bewegung.

nieder. Wer zu diesem Klan gehört, hat also eine lebhafte Persönlichkeit und ist dauernd in Bewegung – körperlich, geistig und emotional.

Menschen, die diesem Klan angehören, sind geistreich, nachdenklich und phantasievoll – immer voller Ideen, die sie begeistert weitererzählen. Nur sehr ungern lassen sie sich körperlich oder geistig einschränken. Sie sind schnell und ungeduldig, sehnen sich nach immer neuen Anregungen und einer großen Vielfalt an Ausdrucksmöglichkeiten.

Luft von Feuer

Das Element Luft nährt das Feuer; das schafft Enthusiasmus und Offenheit.

Elementprofil

Bei Hirsch-Menschen wird der vorherrschende Elementaspekt – unbeständige Luft – durch das Grundelement – enthusiastisches Feuer – grundlegend beeinflußt. Wer in dieser Zeit geboren wurde, sprüht also meist vor Energie und Lebensfreude. Er hat ein ausgeprägtes Bedürfnis, Veränderungen in Gang zu setzen – und zwar in Anbetracht auf seine Umgebung wie auch auf seine Lebensumstände.

Getrieben vom Enthusiasmus des Feuers und dem Veränderungsdrang der Luft, neigen Hirsch-Menschen zu vorschnellem Handeln. So geraten sie zeitweise in Situationen, auf die sie gar nicht vorbereitet sind. Klappt dann etwas nicht, werden sie schnell launisch und lethargisch.

In solchen Augenblicken, in Streßsituationen oder wenn du dich einmal erschöpft fühlst, kann die folgende Revitalisierungs-Übung hilfreich sein: Such dir eine ruhige Stelle im Freien, abseits von Verkehrslärm und der alltäglichen Hektik der Umwelt. Atme ein paar Minuten lang langsam und tief ein und aus.

Mit jedem Atemzug spürst du, wie dich stärkende Lebenskraft erfüllt, jede einzelne Zelle auflädt und deinen ganzen Körper belebt und erfrischt.

STEIN-AFFINITÄT
ACHAT

MIT HILFE DES EDELSTEINS, DER MIT UNSEREM UREIGENEN WESEN IN RESONANZ STEHT, KÖNNEN WIR UNS DIE KRAFT DER ERDE ERSCHLIESSEN UND UNSERE INNEREN STÄRKEN ERWECKEN.

Edelsteine sind in der Erde entstandene Mineralien; dieser Prozeß verläuft äußerst langsam, aber kontinuierlich. Die Indianer schätzten diese Steine nicht nur wegen ihrer Schönheit, sondern auch weil sie buchstäblich Teil der Erde sind und so auch deren Lebenskraft in sich tragen. Für sie waren Edelsteine »lebendige« Energieleitsysteme, die auf unterschiedlichste Weise eingesetzt werden konnten – zum Heilen, zum Schutz oder zum Meditieren.

Jeder Edelstein hat eine spezifische Energie bzw. Schwingung. Auf dem Medizinrad wird jeder Geburtszeit ein Stein zugeordnet, dessen Energie in Resonanz steht mit dem Wesen der in dieser Zeit geborenen Menschen. Durch diese »Seelen-Verwandtschaft« kann der jeweilige Stein den Menschen in Harmonie mit der Erde bringen und sein inneres Gleichgewicht wiederherstellen. Er kann gute Eigenschaften verstärken und weiterentwickeln und ihm die Fähigkeiten verleihen, die er benötigt.

Polierter Achat

Dieser polierte Achat zeigt deutlich die wellenförmigen, schichtweisen Bänder, die für diesen Stein, der in allen möglichen Farben vorkommt, so typisch sind.

ENERGIERESONANZ

Hirsch-Menschen haben eine Affinität zum Achat, einer Form des Chalzedons mit deutlich ausgeprägten Bändern in vielen verschiedenen Farben und Mustern. Der Achat bewirkt zweierlei: Er kann stö-

DEINEN STEIN AKTIVIEREN

Der Achat wird unter fließendem kaltem Wasser gereinigt und sollte dann an der Luft trocknen. Danach führst du ihn mit beiden Händen zum Mund und bläst drei- bis viermal kräftig darauf, um ihn so mit deinem Atem zu durchdringen und zu prägen.

Als nächstes nimmst du den Stein fest in die Hand und heißt ihn still als Freund und Helfer in deinem Leben willkommen.

In Problemsituationen oder vor einer wichtigen Entscheidung kannst du mit einem Achat meditieren und so Klarheit finden. Dazu suchst du dir ein ruhiges, ungestörtes Fleckchen, setzt dich hin und nimmst die Achatscheibe in die rechte, deine »Aktivitäts-Hand«. Dann konzentrierst du dich auf das Problem und suchst mit Hilfe des Steins nach einer Lösung. Hör auf die leise Stimme deines Inneren Selbst.

rende Schwingungen, die von der Umwelt oder von Menschen ausgehen, umlenken, aber auch positive Energien anziehen. Bei den Indianern galt der Achat als heilig und wurde vor allem mit materieller Not und praktischen Angelegenheiten in Verbindung gebracht. Außerdem soll dieser Stein Loyalität schaffen.

Für Hirsch-Geborene ist der Achat vor allem hilfreich, um ihre ständig schwankenden Gefühle zu stabilisieren. Außerdem stärkt er die Intuition und kann so helfen, den besten Zeitpunkt für den Beginn eines neuen Vorhabens herauszufinden – im Privat- wie Berufsleben. Das gilt auch für grundlegende Veränderungen im Leben.

Die Macht des Achats

Um die positive Wirkung des Steins voll zu nutzen, kannst du einen Achat – als Ring, Anhänger oder Halskette – direkt auf der Haut tragen.

»Die Kontur des Steines ist rund; die Macht des Steines ist unendlich.« *Lehre der Lakota-Sioux*

BAUM-AFFINITÄT
ERLE

WER SICH MIT SEINEM »SEELEN-BAUM« VERBINDET, GELANGT ZU EINEM TIEFEREN VERSTÄNDNIS SEINER EIGENEN NATUR UND KANN DIE IN IHM SCHLUMMERNDEN KRÄFTE WECKEN.

Bäume sind von außerordentlich großer Bedeutung für die Erhaltung der Natur und des atmosphärischen Gleichgewichts – eine wesentliche Voraussetzung für das Überleben der ganzen Menschheit.

Die Indianer bezeichneten Bäume als das »Stehende Volk«, denn sie stehen fest und sicher da und beziehen ihre Kraft aus der Verbindung mit der Erde. So lehren sie uns Menschen, wie wichtig es ist, geerdet zu sein und zugleich nach höheren Werten zu streben. Wer Bäume als lebendige Wesen achtet, kann mit ihrer Hilfe Einsicht in die Abläufe in der Natur und auch im eigenen Inneren gewinnen.

Auf dem Medizinrad wird jeder Geburtszeit ein bestimmter Baum zugeordnet, dessen Grundeigenschaften das Wesen der in dieser Zeit geborenen Menschen beeinflussen. Der Baum der Hirsch-Menschen ist die Erle. Dieser Baum gedeiht vor allem in feuchten Böden und weist so auf die Ähnlichkeit zwischen emotionalen Energien und dem Wasser hin – sie sind ständig im Fluß und können zeitweise recht ungestüm werden.

Die Erle zeichnet sich vor allem dadurch aus, daß ihr öliges Holz »wasserfest«

DICH MIT DEINEM BAUM VERBINDEN

Schätze die Schönheit deines Seelen-Baumes; lerne seine Natur kennen, denn sie entspricht deiner eigenen.

Die Erle ist ein robuster, schnell wachsender Baum mit glänzenden dunkelgrünen Blättern, die sich bis weit in den Herbst hinein halten. Sie ist am Wasser zu Hause und gedeiht vor allem in feuchtem, kargem Boden – sogar in stehenden Gewässern wachsen Erlen.

Die folgende Übung hilft, die innere Kraft neu zu beleben. Du stehst neben deinem Seelen-Baum, legst die Handflächen an den Stamm und die Stirn auf die Handrücken. Dann atmest du langsam ein und spürst, wie die Energie aus den Baumwurzeln durch deinen Körper strömt. Du kannst dir auch einen Zweig oder ein Stück Holz deines Seelen-Baumes besorgen und als Totem und Helfer aufbewahren.

ist. Wenn Hirsch-Menschen unter emotionalem Streß stehen, können sie also durch die Verbindung mit ihrem Seelen-Baum ihre eigene Widerstandskraft stärken (s. Kasten oben).

EMOTIONAL, ABER WIDERSTANDSFÄHIG

Hirsch-Geborene sind sensible Menschen. Vor allem in Streßsituationen neigen sie zu Launenhaftigkeit und lassen sich dann leicht zu unüberlegten, rein emotionalen Reaktionen hinreißen. In solchen Momenten sind die Gefühle der Hirsch-Menschen so stark, daß sie den Eindruck haben können, von ihnen regelrecht »überschwemmt« zu werden.

Doch wie das Holz der Erle dem ungestümen Druck des Wasser standhält, können auch sie die innere Kraft finden, mit emotionalem Druck fertig zu werden. Sie können die Energie der Erle nützen; die Widerstandsfähigkeit dieses Baumes kann ihre innere Kraft erneuern.

»Alle Heilpflanzen werden uns von Wakan-Tanka geschenkt; deshalb sind sie heilig.« *Lehre der Lakota-Sioux*

FARB-AFFINITÄT
ORANGE

WER SEINE POSITIVEN EIGENSCHAFTEN VERSTÄRKEN MÖCHTE, KANN MIT HILFE DER »SEELEN-FARBE« SEINEN EMOTIONALEN UND MENTALEN ZUSTAND GÜNSTIG BEEINFLUSSEN.

Jede Geburtszeit hat eine Affinität zu einer bestimmten Farbe, die am besten mit den Energien der Menschen harmoniert, die in dieser Zeit geboren werden. Diese Farbe hat einen positiven Einfluß auf die emotionale und mentale Ebene des Menschen; Farben, die nicht zur Seelen-Farbe passen, haben dagegen eher negative Auswirkungen.

Die Farbe der Hirsch-Menschen ist Orange. Diese Farbe besteht zu gleichen Teilen aus Gelb und Rot und verbindet so den Einfluß beider Farben. Gelb wird mit Geist gleichgesetzt, Rot mit Vitalität und Leidenschaft; Orange verkörpert also jugendliche Lebendigkeit und läßt an Energie, Enthusiasmus und Zielstrebigkeit denken.

Farbsystem

Orange sollte als Grundfarbe bei der Einrichtung vorherrschen, von den Tischgedecken bis hin zu den Wänden und Böden.

DEINE FARBE EINATMEN

Nimm ein Stück blaß orange- oder pfirsichfarbenes Papier, Karton oder Stoff, und lege es in die Nähe eines offenen Fensters. Dann stellst du dich direkt davor – die Füße etwas auseinander, um das Gewicht gleichmäßig zu verteilen.

Jetzt konzentrierst du dich ganz auf die Farbe. Atme langsam durch die Nase ein. Stell dir vor, daß die eingeatmete Luft die gleiche Farbe hat wie das Papier. Halte den Atem ein paar Sekunden an, und spüre, wie die Farbe jede einzelne Körperzelle mit Energie auflädt. Atme langsam und bewußt aus, mache eine kleine Pause, und beginne dann wieder von vorn. Wiederhole diese Übung drei bis vier Minuten lang, damit sich ihre positive Wirkung voll entfalten kann.

Diese fröhliche, optimistische Farbe hat einen ausgesprochen positiven Einfluß auf die Kreativität, macht aber auch Mut, das Leben zu erforschen und zu bewältigen.

FARBWIRKUNG

Mit Orangetönen – z. B. Pfirsich oder Apricot – in der Wohnung können Hirsch-Menschen ihre Aura und ihre positiven Eigenschaften verstärken. Ein paar gut plazierte Farbtupfer machen schon einen großen Unterschied. So kann ein pfirsichfarbener Lampenschirm beispielsweise die ganze Atmosphäre im Zimmer verändern. Oder du stellst einfach einen Strauß orangefarbener Lampionblumen in einer Bronzevase ins Wohnzimmer.

Wer sein Selbstvertrauen stärken will, kann etwas Orangefarbenes tragen. Bei Erschöpfung hilft die oben beschriebene Farbatmung, emotional ins Gleichgewicht zu kommen, die Kreativität anzuregen und sich rundum besser zu fühlen.

»Der Kraft des Geistes sollte Ehre erwiesen werden mit seiner Farbe.« *Lehre der Lakota-Sioux*

DIE ARBEIT MIT DEM MEDIZINRAD

DER LEBENSWEG

DAS GEBURTSPROFIL KANN ALS AUSGANGSPUNKT FÜR DIE CHARAKTERLICHE ENTWICKLUNG UND DEN WEG ZU PERSÖNLICHER ERFÜLLUNG BETRACHTET WERDEN.

Jede der zwölf Geburtszeiten entspricht auch einem bestimmten Lernprozeß bzw. bestimmten »Lektionen«, die uns das Leben abverlangt. Wer sich auf diesen Lernprozeß einläßt, kann Stärken statt Schwächen entwickeln, in größerer Harmonie mit der Welt und den Menschen leben und zu innerem Frieden finden.

DER LERNPROZESS DES HIRSCHES

Die erste Lektion für Hirsch-Menschen besteht darin, ihre Impulsivität in den Griff zu bekommen. Ihre Ungeduld und ihr Bedürfnis, immer in Bewegung zu sein, führen dazu, daß sie ständig irgend etwas tun müssen. So kann es zu plötzlichen unüberlegten Entschlüssen kommen, die Freunde und Kollegen irritieren. Wenn sie das nächste Mal vor einer Entscheidung stehen, sollten Hirsch-Geborene nichts überstürzen, sondern alle Möglichkeiten sorgfältig überdenken und sich fragen, ob es in der Vergangenheit

»Der Weg jedes Menschen zeigt sich in seinem Herzen. Dort sieht er die ganze Wahrheit des Lebens.« *Lehre der Cheyenne*

schon einmal vergleichbare Situationen gab. Wenn sie sich dann noch mit anderen beraten haben, können sie alle Aspekte in ihre Entscheidung einbeziehen.

Hirsch-Menschen müssen außerdem besser unterscheiden lernen, was von wirklichem Wert ist und was vielleicht nur kurzfristige und begrenzte Vorteile bringt. Sie sollten sich nicht vom Schein trügen lassen; was auf den ersten Blick vielversprechend erscheint, kann auf lange Sicht eher enttäuschen.

Die dritte Lektion für Hirsch-Geborene heißt: mehr Disziplin und Beständigkeit im Leben und Freude an der Bewältigung von Aufgaben entwickeln. Sie bringen wenig Geduld auf für Menschen, die keine allzu schnelle Auffassungsgabe haben, oder für die Abwicklung von Routineangelegenheiten. Darunter kann ihre Arbeit oder die Zusammenarbeit mit Kollegen leiden. Wenn sie dann noch dazu neigen, gar zu oft den Job zu wechseln, kann sich das negativ auf ihre berufliche Karriere auswirken. Ihre Unbeständigkeit macht es ihnen zudem schwer, Erfüllung in der Liebe zu finden.

DIE ARBEIT MIT DEM MEDIZINRAD

DIE MACHT DER MEDIZIN

DIE KRAFT DER ANDEREN ELF GEBURTSZEITEN SOLLTE GENUTZT WERDEN, UM SCHWÄCHEN IN STÄRKEN ZU TRANSFORMIEREN UND DEN HERAUSFORDERUNGEN DES LEBENS ENTGEGENZUTRETEN.

Auf dem Medizinrad ist das ganze Spektrum menschlicher Eigenschaften und Fähigkeiten repräsentiert. Die Totems und Affinitäten jeder Geburtszeit weisen auf die Grundeigenschaften der in dieser Zeit geborenen Menschen hin.

Komplementär-Affinität

Die Eule bewahrt – wesentlich besser als der Hirsch – auch in unsicheren Zeiten ihren klaren Blick.

Wer wissen möchte, welche seiner Persönlichkeitsaspekte gestärkt werden müßten, sollte sich zuerst mit seinem »Lernprozeß« befassen (s. S. 42–43). Danach läßt sich anhand der anderen Geburtszeiten herausfinden, welche Totems und Affinitäten bei dieser Aufgabe helfen könnten. Das Elementprofil des Hirsches ist Luft von Feuer (s. S. 34–35); zum Ausgleich brauchen Hirsch-Geborene die Beständigkeit der Erde und die Anpassungsfähigkeit des Wassers. Das Elementprofil des Braunbären ist Erde von Wasser, das der Schlange Wasser von Erde; über diese Geburtstotems sollten Hirsch-Geborene meditieren. Auch die Profile der beiden anderen Zeichen des eigenen Elemente-Klans können hilfreich sein – Krähe und Otter; so läßt sich herausfinden, wie der gleiche Elementaspekt unterschiedlich zum Ausdruck kommen kann.

Eine weitere Hilfe kann das gegenüberliegende Geburtstotem sein; es weist charakteristische Eigenschaften auf, die das eigene Totem ergänzen. Das ist die sogenannte »Komplementär-Affinität«, für den Hirsch also die Eule.

WESENTLICHE STÄRKEN

Nachfolgend werden die wesentlichen Stärken der einzelnen Geburtstotems beschrieben. Wer eine schwach ausgebildete oder in einer bestimmten Situation benötigte Eigenschaft verstärken möchte, kann über das Geburtstotem meditieren, das diesem Wesenszug entspricht. Beschaff dir etwas, was dieses Totem verkörpern kann – eine Klaue, einen Zahn, eine Feder, ein Bild oder einen Ring. Laß so die Kraft, die es symbolisiert, zu deiner eigenen werden.

Falken-Medizin steht für die Kraft der scharfen Beobachtung und die Fähigkeit, entschlossen und tatkräftig zu handeln, wann immer das nötig ist.

Biber-Medizin entspricht der Gabe des kreativen und lateralen Denkens; so lassen sich alternative Möglichkeiten entwickeln, Dinge zu betrachten oder auch zu tun.

Hirsch-Medizin zeichnet sich aus durch ein sicheres Gespür für die Absichten anderer Menschen und für alles, was dem eigenen Wohlbefinden schaden könnte.

Specht-Medizin beinhaltet die Fähigkeit, einen beständigen Rhythmus im Leben zu entwickeln und beharrlich das zu schützen, was einem lieb und teuer ist.

Lachs-Medizin steht für die Stärke, mit Mut und Entschlossenheit seine Ziele auszuwählen und genug Ausdauer aufzubringen, um eine Aufgabe bis zum Ende zu verfolgen.

Braunbär-Medizin verkörpert große Energie und die Fähigkeit, hart zu arbeiten, in Zeiten der Not anderen ein verläßlicher Freund zu sein und aus seiner inneren Kraft zu schöpfen.

Krähen-Medizin entspricht der Fähigkeit, negative oder unproduktive Situationen in positive umzuwandeln und sich über Grenzen hinwegzusetzen.

Schlangen-Medizin steht für das Talent, sich veränderten Umständen leicht anpassen zu können und Übergangsphasen gut in den Griff zu bekommen.

Eulen-Medizin beinhaltet die Kraft, in Zeiten der Unsicherheit klar zu sehen und sein Leben konsequent nach seinen langfristigen Plänen auszurichten.

Gans-Medizin entspricht dem Mut, sich seine Ideale unter allen Umständen zu bewahren und sich im Leben an seine Prinzipien zu halten.

Otter-Medizin verkörpert die Fähigkeit, sich mit seinem Inneren Kind zu verbinden, innovative und idealistische Ansätze zu vertreten und die Routine des Alltags voll und ganz zu genießen.

Wolf-Medizin steht für den Mut, sich eher nach seiner Intuition und seinem Instinkt zu richten als nach seinem Intellekt und Mitgefühl für andere Menschen aufzubringen.

WOLF
OTTER
GANS
EULE
SCHLANGE
KRÄHE